Pilze liegen voll im Trend. Als dekorative Glücksbringer sprießen sie allerorten gut gelaunt aus dem Boden. Man sieht sie als Applikationen und Anhänger, auf Stoff gedruckt, aus Porzellan hergestellt – und manchmal auch genäht.

Die rot behuteten Glückspilze erinnern uns an unsere Kindheit, an Märchen und würzig herben Waldgeruch. Wir haben uns von diesen Erinnerungen inspirieren lassen und für Sie unsere schönsten Nähideen im Pilzlook zusammengestellt.

Ob Sie nun für sich selber nähen oder einen lieben Menschen beschenken möchten: Die Accessoires aus diesem Buch sorgen garantiert für gute Laune und wir wünschen viel Spaß beim Nähen!

Schlüsseletui

alles an einem Bund

MATERIAL

* Rest Baumwollstoff in Rot mit weißen Punkten
* Rest Frottee-Stoff in Weiß (Innenfutter)
* Webband in Weiß mit roten Punkten, 1 cm breit, 45 cm
* Zackenlitze in Apfelgrün, 8 mm breit, 25 cm
* 1 Schlüsselring, ø 3 cm

SCHNITTMUSTER
Bogen 1A

1 Jeweils die beiden Etui-Teile gemäß Schnittmuster aus den beiden Stoffen zuschneiden.

2 Vom Webband 25 cm abschneiden und zur Hälfte so zusammenlegen, dass die rechte Seite außen ist. Das Band an den Rändern entlang knappkantig zusammensteppen. Dabei darauf achten, dass am unteren, gefalteten Rand ein ca.1 cm breiter Tunnel offen bleibt. Durch diesen wird später der Schlüsselring gefädelt.

3 Die beiden Innenfutter-Teile r-a-r zusammennähen. Dabei das Schlüsselband zwischen die beiden Stofflagen legen und es gemäß Schnittmuster mitfassen. Darauf achten, dass eine Wendeöffnung offen bleibt.

4 Von der Zackenlitze ein 4 cm langes Stück abschneiden und doppelt legen. Das restliche Webband halbieren und gemäß Abbildung auf die äußeren Etui-Teile steppen. Danach die beiden Etui-Teile r-a-r aufeinandersteppen. Dabei oben in der Mitte das doppelt gelegte Stück Zackenlitze mit einnähen.

5 Das innere und äußere Etui-Teil so ineinanderschieben, dass die beiden Teile am unteren Rand r-a-r aneinanderliegen. Die Zackenlitze dabei so zwischen die beiden Kanten legen, dass sie zur Hälfte in die Ntzg und zur anderen Hälfte in das Etui zeigt. Die Kanten aufeinandersteppen.

6 Durch die Wendeöffnung im Futter wenden, in Form bringen und am unteren Rand entlang knappkantig absteppen, damit nichts verrutschen kann. Die Wendeöffnung mit Matratzenstich schließen.

7 Oben in der Mitte das Innenfutter an dem äußeren Etui mit ein paar Stichen von Hand fixieren. Den Schlüsselring durch das Webband ziehen.

Aufbewahrungskorb

viel Platz für Kleinigkeiten

GRÖSSE
ø ca. 20 cm, Höhe ca. 26 cm

MATERIAL

* Baumwollstoff in Türkis, 66 cm x 12,5 cm und 16,5 cm x 11 cm (inkl. Ntzg)
* Baumwollstoff in Rot-weiß gestreift, 57 cm x 9 cm (inkl. Ntzg)
* Baumwollstoff in Weiß mit Kirschen, 66 cm x 16 cm (inkl. Ntzg)
* Rest Baumwollstoff in Weiß, Rot-weiß und Weiß-rot getupft
* Wollfilz in Dunkelbraun, 57 cm x 9,5 cm
* Jackenstoff (beschichtet) in Rot mit weißen Punkten, 25 cm x 50 cm (2x Boden) und 1x 66 cm x 27 cm (Hauptteil)
* Häkelborte in Türkis, 1,7 cm breit, 60 cm
* Zackenlitze in Grün, 1,6 cm breit, 10 cm und 4 mm breit, 60 cm
* Webband in Türkis getupft, 9 mm breit, 35 cm
* Zackenlitze in Dunkelbraun, 8 mm breit, 70 cm
* Schrägband in Rot mit weißen Tupfen, 1,4 m
* Rest Vliesofix

SCHNITTMUSTER
Bogen 1A

1 Den Boden 2x gemäß Schnittmuster aus Jackenstoff zuschneiden. Auf die Rückseite der 3 verschiedenen Stoffreste Vliesofix bügeln und die Teile für die Pilz-Applikation gemäß Schnittmuster ohne Ntzg ausschneiden.

2 Die 3 Pilz-Teile mittig so auf das kleinere türkisfarbene Stoffstück bügeln, dass der Pilz-Hut das Lamellen-Teil ca. 2—3 mm überlappt. Den Pilz-Fuß gemäß Markierung auf dem Schnittmuster aufbügeln und alle Teile mit engem Zickzackstich applizieren.

3 Den braunen Wollfilz der Länge nach r-a-r an den gestreiften Baumwollstoff nähen, die Ntzg nach oben bügeln und die Häkelborte auf die Kante steppen. Die grüne Zackenlitze mit ca. 0,5 cm Abstand darübersteppen. Die Pilz-Applikation r-a-r an die beiden Streifenenden nähen und den Streifen damit zur Runde schließen. Die Ntzg in Richtung des Pilzes bügeln und das Webband auf beiden Seiten aufsteppen. Den Stoffstreifen in Türkis an den kurzen Seiten r-a-r zur Runde schließen und ihn anschließend r-a-r an den gestreiften Stoff nähen.

4 Die dunkelbraune Zackenlitze auf die Naht steppen. Das eine Boden-Teil links auf links an den Wollfilz nähen. Dafür das Hauptteil am besten wenden, sodass die rechte Seite außen liegt. Die Ntzg rundherum mithilfe des Schrägbandes versäubern.

5 Den Kirsch-Stoff r-a-r an den kurzen Seiten zur Runde schließen, den Ring der Länge nach in der Mitte falten, sodass die rechte Seite außen liegt und die Kante bügeln. Das Schrägband über die gebügelte Kante nähen. Den Ring aus Kirsch-Stoff so über den türkisfarbenen Stoff des Hauptteils schieben, dass der Ring auf der rechten Seite des türkisfarbenen Stoffes und die offenen Kanten aufeinanderliegen. Die beiden Teile zusammensteppen. Den Kirsch-Rand nach oben klappen und die Ntzg nach unten in das Hauptteil bügeln.

6 Für das Innenfutter r-a-r das Hauptteil an den kurzen Kanten zur Runde schließen und das Bodenteil einpassen. Die Ntzg an der oberen Kante umbügeln. Das Futter in den Behälter schieben und entlang der Kante feststeppen. Den Kirschrand nach außen umschlagen.

Pilze auf Ästen

stehen fest zusammen

GRÖSSE
18 cm bzw. 19 cm hoch (ohne Stiel)

MATERIAL
KLEINER PILZ
* Rest Baumwollstoff in Rot
* Rest Baumwollstoff in Rot mit weißen Herzen
* Rest Baumwollstoff in Weiß mit roten Pünktchen
* Rest Baumwollstoff in Rot mit weißen Punkten
* Rest Fleece-Stoff in Weiß
* Zackenlitze in Hellgrün, 35 cm
* Mini-Pompon-Borte in Grün, 25 cm

GROSSER PILZ MIT ZIPFEL
* Rest Baumwollstoff in Rot mit weißen Punkten
* Rest Baumwollstoff in Grün mit Erdbeeren
* Rest Baumwollstoff in Rot
* Zackenlitze in Weiß, 8 mm breit, ca. 30 cm
* Pompon-Borte in Weiß, 30 cm
* Webband in Grün mit weißen Punkten, 1 cm breit, 6 cm
* 2 Glöckchen in Grün und 1 Glöckchen in Weiß, ø 15 mm

BEIDE PILZE
* Rest Vlieseline H180
* Füllwatte
* 2 Äste, ø ca. 2,5 cm, ca. 25 cm lang
* Heißkleber

SCHNITTMUSTER
Bogen 1A

Einen Rest Vlieseline jeweils auf die Rückseite des einfarbig roten Baumwollstoffes bügeln und alle Teile gemäß Schnittmuster aus den entsprechenden Stoffen zuschneiden.

Kleiner Pilz

1 Die oberen und unteren Hut-Teile r-a-r zusammennähen. Dabei die Zackenlitze mitfassen. Die Pompon-Borte ca. 8 cm oberhalb der Naht aufsteppen. Die beiden Hut-Teile r-a-r zusammennähen. Dabei die untere Kante offen lassen.

2 Im Lamellen-Teil vorsichtig das Kreuz als Öffnung für den Stiel einschneiden. Dafür zuerst etwas kleiner beginnen und ausprobieren, ob sich der Ast schon durchschieben lässt. Wenn nicht, das Kreuz noch etwas vergrößern.

3 Das Lamellen-Teil r-a-r in das Hut-Teil einpassen, einnähen und dabei die Wendeöffnung offen lassen. Den Hut wenden und nicht zu fest mit Füllwatte stopfen. Die Öffnung mit Matratzenstich schließen.

4 Für den Mini-Pilz je 1 Hut- und 1 Stiel-Teil r-a-r zusammennähen. Die beiden Pilz-Teile r-a-r bis auf die Wendeöffnung zusammensteppen und wenden. Mit etwas Füllwatte leicht stopfen und die Öffnung mit Matratzenstich schließen. Mit ein paar Stichen am größeren Pilz befestigen.

5 Den Ast vorsichtig ca. 5 cm weit durch das Kreuz in den Pilz-Hut schieben und evtl. mit Heißkleber fixieren.

Großer Pilz

Den Zipfelpilz wie den kleinen Pilz arbeiten, jedoch die Zackenlitze auf den Stoffstoß des oberen und unteren Hut-Teils steppen. Beim Zusammennähen der beiden Hut-Teile im Zipfel die Webband-Schlaufe mit einnähen. Dafür das Webband zu einer Schlaufe zusammenfalten und in der Naht mitfassen. Die Glöckchen mit ein paar Stichen an die Webband-Schlaufe nähen. Die Pompon-Borte von Hand am unteren Rand des Pilz-Hutes befestigen.

Tasche mit Reh

praktisch, mit viel Charme

GRÖSSE
ca. 48 cm x 45 cm

MATERIAL

* Jeans-Stoff in Blau-braun, 2x 22 cm x 22 cm und 4x 6 cm x 22 cm (jeweils inkl. Ntzg)
* Baumwollstoff in Rosa-rot gepunktet, 4x 5 cm x 22 cm, 2x 36 cm x 6 cm und 2x 16 cm x 26 cm (Seiten-Teile) (jeweils inkl. Ntzg)
* Plastic Canvas in Rot, 50 cm x 30 cm
* Plastic Canvas in Grün, 30 cm x 20 cm
* Jackenstoff (beschichtet, für Innenfutter) in Rot mit weißen Punkten, 2x 32 cm x 36 cm (vorderes und rückwärtiges Taschen-Teil), 2x 32 cm x 16 cm (Seiten-Teile), 1x 16 cm x 36 cm (Boden) und 4x 2,8 cm x 7 cm (Befestigung für Henkel) (jeweils inkl. Ntzg)
* Schrägband in Grün getupft, 2x 5 cm (Schwanz vom Reh)
* Bogenborte in Rot, 1 cm breit, 90 cm
* Zackenlitze in Weiß, 6 mm breit, 90 cm
* Zackenlitze in Grün, 1 cm breit, je 90 cm
* Fransenborte in Weiß, 2 cm breit, 75 cm
* Webband in Rot-weiß getupft, 1 cm breit, 45 cm
* Zackenlitze in Rosa, 4 mm breit, 1,05 m
* Pompon-Borte in Grün, 3 cm breit, 75 cm
* Schrägband in Rot, 1 m
* Rüschenband in Rot-weiß gepunktet, 2,5 cm breit, 1 m
* 2 Taschengriffe aus Kunststoff in Rosa-rot gestreift, 16,5 cm x 11 cm

SCHNITTMUSTER
Bogen 1A

1 Das Reh für die Applikationen gemäß Schnittmuster 2x aus grünem Plastic Canvas ausschneiden. Das grüne Schrägband doppelt falten und die offenen Kanten zusammensteppen. Die Rehe mittig auf die beiden Jeans-Quadrate nähen und dabei das zu einer Schlaufe gelegte Schrägband mitfassen.

2 Jeweils die beiden kurzen rosa-rot gepunkteten Stoffstreifen r-a-r an die Seiten des Jeans-Quadrates und die Jeans-Streifen an die rosa-roten Streifen nähen. Die rote Bogenborte und die weiße und grüne Zackenlitze gemäß Abbildung aufsteppen. Die beiden längeren rosa-rot gepunkteten Streifen r-a-r an die untere Kante nähen und die Fransenborte und das Webband gemäß Abbildung aufsteppen.

3 Die beiden Taschen-Teile und die beiden übrigen rosa-roten Rechtecke r-a-r an das Bodenteil aus Plastic Canvas nähen und die rosafarbene Zackenlitze und die Pompon-Borte gemäß Abbildung aufsteppen. Jeweils 2 Taschen-Teile r-a-r aufeinanderlegen und alle Seitennähte von oben nach unten bis zur Ecke am Boden der Tasche steppen. Die Tasche wenden.

4 Für das Innenfutter das vordere und rückwärtige Taschen-Teil und die beiden Seiten-Teile r-a-r an den Boden nähen und das Innenfutter in die Tasche schieben. Die aufeinanderliegenden Kanten der Tasche und des Innenfutters mit Zickzackstich zusammennähen, damit nichts mehr verrutschen kann und mit dem Schrägband versäubern.

5 Die Streifen für die Befestigung der Henkel der Länge nach mittig falten und zusammensteppen. Die Streifen durch die Schlitze in den Griffen fädeln, die Enden zusammenlegen und an der Tasche fixieren. Das Rüschenband von außen so auf den Taschenrand steppen, dass das Schrägband verdeckt ist. Dabei die Enden des Bandes etwas überlappen lassen.

> **Unser Tipp für Sie**
>
> **Ausfransen verhindern** Streichen Sie die Enden des Rüschenbandes mit Fray Check ein, dann kann das Band nicht ausfransen.

Küchenschürze

immer gut geschützt

GRÖSSE

ca. 50 cm x 90 cm
(ohne Bindebänder)

MATERIAL

* Baumwollstoff in Rot-weiß gepunktet, 40 cm
* Baumwollstoff in Dunkelbraun mit Fliegenpilzen, 20 cm x 1 m (inkl. Ntzg)
* Baumwollstoff in Apfelgrün mit weißen Blumen, 37 cm x 55 cm (inkl. Ntzg)
* Cord-Stoff in Dunkelbraun, 30 cm
* Rest Baumwollstoff in Weiß mit roten Tupfen und Rot mit weißen Tupfen
* Filz in Apfelgrün, 4 mm dick, ø 15 cm
* Häkelborte in Weiß, 1,7 cm breit, 1,05 m
* Zackenlitze in Grün, 1,5 cm breit, 55 cm und 4 mm breit, 1,05 m
* Zackenlitze in Rot, 1 cm breit, 55 cm
* Zackenlitze in Dunkelbraun, 8 mm breit, 55 cm
* Bogenborte in Weiß, 1 cm breit, 80 cm
* Webband in Rot-weiß getupft, 1 cm breit, 30 cm
* Vliesofix, ca. 15 cm x 30 cm
* Rest Perlgarn in Dunkelgrün

SCHNITTMUSTER

Bogen 1B

1 Für die Applikation auf die Rückseite der Stoffreste in Weiß mit roten Tupfen und Rot mit weißen Tupfen Vliesofix bügeln. Alle Teile gemäß Schnittmuster zuschneiden. Dabei die Teile für die Applikation ohne Ntzg zuschneiden und das Schnittmuster der Taillen-Bindebänder zuerst um 50 cm verlängern. Aus dem rot-weiß gepunkteten Stoff für die Hals-Bindebänder 4x 60 cm x 6 cm (inkl. Ntzg) und für den oberen Schürzen-Streifen 1x 55 cm x 12 cm (inkl. Ntzg) zuschneiden.

2 Eine lange Seite des dunkelbraunen Fliegenpilz-Stoffes mit Zickzackstich versäubern, die Ntzg umbügeln und die weiße Häkelborte auf die Kante steppen. Ca. 0,5 cm über der Borte die schmale grüne Zackenlitze aufnähen.

3 An der langen Seite ohne Borte den Stoff mit einem Hilfsfaden innerhalb der Ntzg auf 55 cm einrüschen und r-a-r an eine lange Seite des grünen Stoffes mit weißen Blümchen steppen. Die Ntzg nach oben bügeln und knappkantig feststeppen.

4 Die rote Zackenlitze ca. 0,5 cm über der Naht fixieren. Den oberen Schürzen-Streifen in rot-weiß gepunktet r-a-r an das grüne Schürzen-Teil nähen. Die Ntzg auseinanderbügeln und die braune Zackenlitze auf die Naht steppen.

5 Den Schürzen-Latz aus dunkelbraunem Cord-Stoff mit der langen Seite r-a-r an den oberen Schürzen-Streifen nähen, die Ntzg nach unten bügeln

und die grüne Zackenlitze auf die Naht steppen. Ca. 4 cm von der oberen Kante des Latzes entfernt zuerst die weiße Bogenborte und anschließend überlappend das Webband aufsteppen.

6 Die Pilz-Teile mittig so auf die apfelgrüne Filz-Scheibe bügeln, dass der Pilz-Hut das obere Ende des Fußes ca. 2–3 mm überlappt. Die beiden Teile mit engem Zickzackstich applizieren. Mit Perlgarn gemäß Abbildung ein paar Grashalme aufsticken. Einen Kreis mit einem Durchmesser von 15 cm aus Vliesofix ausschneiden und auf die Rückseite der Filzscheibe bügeln. Die restliche Bogenborte in Weiß auf der Rückseite rund um die Filzscheibe fixieren und die komplette Applikation entlang derselben Naht mittig auf den Schürzen-Latz steppen. Die Schürzen-Kanten rundherum mit einem Einfachsaum (Breite 2 cm) versäubern.

7 An den Teilen für die Bindebänder jeweils das Ende in einem 45-Grad-Winkel abschneiden. Jeweils 2 Bindebänder-Teile (Hals und Taille) r-a-r bis auf die gerade kurze Seite zusammennähen, die Bänder wenden und die Kanten knapp absteppen. Die offene Seite mit Zickzackstich versäubern und jeweils von hinten auf beiden Seiten an den oberen Schürzen-Streifen bzw. gemäß Markierung auf dem Schnittmuster an die obere Kante des Latzes steppen.

Blumenstecker

hübsch für Blumentöpfe

GRÖSSE
ca. 19 cm (ohne Stiel)

MATERIAL
PILZ 1
* Baumwollstoff in Grün, 15 cm x 6 cm (inkl. Ntzg)
* Baumwollstoff in Weiß, 15 cm x 9 cm (inkl. Ntzg)
* Rest Baumwollstoff in Rot mit weißen Punkten
* Rest Baumwollstoff in Helltürkis (Lamellen)
* Pompon-Borte in Hellgrün, 15 cm
* Zackenlitze in Hellgrün, 8 mm breit, 35 cm

PILZ 2
* Baumwollstoff in Weiß, 15 cm x 9 cm (inkl. Ntzg)
* Baumwollstoff in Grün-weiß kariert, 15 cm x 8 cm (inkl. Ntzg)
* Rest Baumwollstoff in Rot
* Rest Baumwollstoff in Helltürkis (Lamellen)
* Häkelborte in Weiß, 1 cm breit, 35 cm
* Zackenlitze in Rot, 8 mm breit, 15 cm
* Webband in Rot mit weißen Punkten, 1 cm breit, 15 cm
* Schrägband in Hellblau, 2 cm breit, 15 cm
* 9 Wäscheknöpfe in Weiß, ø 1,6 cm

BEIDE PILZE
* Füllwatte
* je 1 Holz- oder Aluminium-Stab, ø 6 mm, 30 cm

SCHNITTMUSTER
Bogen 1B

1 Alle Teile gemäß Schnittmuster zuschneiden.

2 Für den Pilz-Hut jeweils die 6 Pilz-Hut-Teile r-a-r so zusammennähen, dass sich die Spitzen in der Mitte treffen. Dafür zuerst 2x 3 Teile zusammensteppen und anschließend die beiden entstandenen Hut-Teile zum Hut zusammensetzen.

3 Die Pilz-Lamellen r-a-r einpassen und dabei die Häkelborte bzw. die Zackenlitze mitfassen. Die beiden Teile zusammensteppen und dabei eine Wendeöffnung von der Breite eines Hut-Teils lassen. Den Pilz-Hut wenden und mit Füllwatte stopfen. Die Öffnung mit Matratzenstich schließen. Beim Pilz mit dem roten Hut die Knöpfe annähen.

4 Für die Pilz-Stiele die weißen und die grünen Stoffstreifen r-a-r an den langen Kanten zusammennähen und die verschiedenen Bänder bzw. die Borte gemäß Abbildung daraufsteppen. Die Stiele r-a-r zur Runde schließen und wenden. Die Ntzg am oberen Rand nach innen schlagen und die Stiele mit Matratzenstich an den Pilz-Lamellen befestigen.

5 Die Stiele mit Füllwatte stopfen. Dabei in der Mitte etwas Platz für den Stab lassen. Ca. 1 cm vom unteren Rand entfernt einen reißfesten Faden wie zum Einkräuseln einziehen, die Ntzg nach innen schlagen und den Holz- oder Aluminium-Stab in den Pilz-Stiel schieben. Den Faden zuziehen und verknoten. Den Faden in den Stiel ziehen und abschneiden.

Kulturbeutel

bringt Farbe ins Leben

1 Für das Innenfutter aus dem Jackenstoff 1x 23 cm x 14 cm (aufgesetzte Innentasche, inkl. Ntzg), 2x 32 cm x 22 cm (vorderes und rückwärtiges Innenfutter-Teil, inkl. Ntzg), 1x 32 cm x 10 cm (Boden, inkl. Ntzg) und die Seitenteile gemäß Schnittmuster zuschneiden. Aus dem Baumwollstoff in Dunkelbraun mit weißen Punkten 1x 32 cm x 10 cm und die beiden Seitenteile der Kulturtasche gemäß Schnittmuster zuschneiden.

2 Jeweils 3 verschieden gemusterte Stoff-Quadrate gemäß Abbildung r-a-r zu einem Streifen zusammennähen. Nacheinander den braunen Cord- und den türkisfarbenen Baumwollstoff r-a-r an eine lange Seite des Streifens nähen. Gemäß Abbildung die beiden Zackenlitzen auf die Nähte und das Webband auf den Cord-Stoff steppen.

3 Den Reißverschluss r-a-r an der oberen Kante so zwischen die beiden Taschen-Teile nähen, dass das Ende 5 cm über die Taschen-Teile hinausgeht. Dabei darauf achten, dass die Ntzg an den Seiten ausgespart wird.

4 Die untere Kante der Seitenteile jeweils r-a-r an die kurzen Seiten des Boden-Teils steppen. Den entstandenen Streifen r-a-r zwischen die beiden Taschen-Teile nähen. Den Kulturbeutel wenden, die Ntzg am oberen Rand nach innen schlagen und knappkantig feststeppen. Das übrige Webband zu einer Schlaufe legen und gemäß Abbildung an die obere Kante des Seitenteils nähen.

5 Für den Pilz am Reißverschluss den Rest rosa-rot getupten Stoff halbieren und die beiden Stücke mit Vliesofix zusammenbügeln. Den Pilz-Fuß gemäß Schnittmuster aufzeichnen und rundherum, ca. 0,5 cm nach innen versetzt, entlang der Linie absteppen. Die Teile für den Pilz-Hut gemäß Schnittmuster aus Jackenstoff und den Pilz-Fuß jeweils ohne Ntzg zuschneiden. Die obere Kante des Fußes ca. 1 cm zwischen die beiden Hut-Teile legen und die untere, gerade Kante des Hutes steppen. Das überstehende Ende des Reißverschlusses zwischen die beiden Hut-Teile schieben und aufeinandersteppen. Dabei sehr vorsichtig über den Reißverschluss nähen, damit die Nadel nicht abbricht.

6 Für die aufgesetzte Innentasche eine lange Kante des Stoff-Rechtecks 2 cm umschlagen, bügeln und ca. 1,5 cm breit feststeppen. Die anderen Kanten 1 cm umschlagen, bügeln und knappkantig ca. 5 cm vom oberen Rand eines Innenfutter-Teils aufsteppen.

7 Für das Innenfutter das vordere und rückwärtige Taschen-Teil sowie die Seitenteile r-a-r an das Boden-Teil nähen. Die Seitennähte ebenfalls r-a-r von oben nach unten zusammensteppen. Das Innenfutter nicht wenden und die Ntzg nach außen bügeln. Nun das Innenfutter in die Kulturtasche schieben und die obere Kante von Hand an den Reißverschluss nähen

GRÖSSE
30 cm x 20 cm

MATERIAL
* Baumwollstoff in Türkis mit weißen Blümchen, 2x 32 cm x 7 cm
* Baumwollstoff in Rosa mit großen roten Punkten, 2x 12 cm x 12 cm
* Baumwollstoff in Rosa mit kleinen roten Punkten, 2x 12 cm x 12 cm und Rest für Pilz-Fuß
* Baumwollstoff in Rot mit weißen Punkten, 2x 12 cm x 12 cm
* Cord-Stoff in Dunkelbraun, 2x 32 cm x 7 cm
* Baumwollstoff in Dunkelbraun mit weißen Punkten, 10 cm (Seitenteile)
* Jackenstoff (beschichtet, für das Innenfutter) in Rot mit weißen Punkten, 25 cm
* Zackenlitze in Türkis, 1,4 cm breit, 65 cm
* Zackenlitze in Rot, 1 cm breit, 65 cm
* Webband in Rosa-rot mit Fliegenpilzen, 1,5 cm breit, 75 cm
* Rest Vliesofix
* Reißverschluss in Türkis, 35 cm

SCHNITTMUSTER
Bogen 1A

Sitzhocker

für große und kleine Pilzfreunde

1 Vom cremefarbenen Jeans-Stoff einen Streifen mit 25 cm x 1,50 m (inkl. 1 cm Ntzg) abschneiden. Für den Boden und das Oberteil je einen Kreis mit einem Durchmesser von 48 cm auf die linke Seite des roten Cord-Stoffes zeichnen und mit 1 cm Ntzg rundherum zuschneiden. Für das Innenfutter 2 Teile mit einem Durchmesser von 48 cm und einen Streifen 36 cm x 1,47 m (jeweils inkl. 1 cm Ntzg) zuschneiden.

2 Den Reißverschluss r-a-r so an eine lange Kante des grünen Frottee-Stoffes steppen, dass rechts und links vom Reißverschluss jeweils 1 cm stehen bleibt. Danach den Frottee-Stoff r-a-r der Länge nach mit der freien Kante an den cremefarbenen Jeans-Stoff nähen.

3 Die Bänder mit den entsprechenden Garnfarben gemäß Abbildung und gemäß folgender Angaben auf den cremefarbenen Jeans-Stoff steppen: Die Pompon-Borte ca. 5 cm vom oberen Rand entfernt aufnähen. Das rote Webband direkt oberhalb des grünen Frottee-Stoffes (ca. 2 mm Abstand von der Naht) aufsteppen. Darüber mit ca. 1 cm Abstand die grüne Zackenlitze auf der einen bzw. das weiße Punkteband auf der anderen Seite anbringen. Die Applikationen gemäß Abbildung aufsteppen.

4 Den Streifen r-a-r entlang der kurzen Kanten zur Runde schließen und wenden. Die eine Hälfte der roten Zackenlitze auf den Stoffstoß dieser Naht nähen und die andere Hälfte auf der gegenüberliegenden Seite feststeppen. Hierbei verläuft die Litze über den bereits festgenähten Bändern.

5 Das Vliesofix auf die linke Seite des restlichen cremefarbenen Jeans-Stoffes bügeln und je 3x 3 Kreise gemäß Schnittmuster für die Applikation ausschneiden. Diese auf die rechte Seite des Oberteils bügeln und mit engem Zickzackstich applizieren.

6 Das Oberteil r-a-r am Jeans-Stoff und den Boden am Frottee-Stoff (Reißverschluss) in den Ring einpassen, einnähen und durch den Reißverschluss wenden. Die Knöpfe gemäß Abbildung als Verzierung anbringen.

7 Den Innenfutterstreifen zur Runde schließen. Deckel und Boden r-a-r einsetzen. Am Boden eine ca. 25 cm breite Stopf- und Wendeöffnung offen lassen. Durch diese das Innenfutter wenden und sehr fest mit Füllwatte stopfen. Die Öffnung mit Matratzenstich schließen. Die Hülle des Hockers über das Innenfutter ziehen und den Reißverschluss schließen.

GRÖSSE
ø ca. 50 cm, Höhe ca. 35 cm

MATERIAL
* Jeans-Stoff in Creme, 35 cm, 1,50 m breit
* Feincord-Stoff in Rot mit weißen Pünktchen (Boden und Oberteil), 55 cm
* Jeans-Stoff o. ä. fester Stoff für Innenfutter, 90 cm, 1,50 m breit
* Frottee-Stoff in Grün, 15 cm, 1,50 m breit
* 4 Knöpfe in Rot-weiß kariert, ø 2,5 cm
* 5 Knöpfe in Rot-weiß kariert, ø 1,5 cm
* Pompon-Borte in Grün, 1,50 m
* Webband in Rot mit weißen Punkten, 1 cm breit, 1,50 m
* Zackenlitze in Grün, 8 mm breit, 80 cm
* Webband in Weiß mit roten Punkten, 1 cm breit, 80 cm
* Zackenlitze in Rot, 8 mm breit, 80 cm
* je 1 Applikation Blume und Vogel, dafür Reste Baumwollstoff in Rot und Rot-weiß kariert und Rest Filz in Weiß
* Endlosreißverschluss, 148 cm
* Vliesofix, 10 cm x 70 cm
* Füllwatte, ca. 3-3,5 kg

SCHNITTMUSTER
Bogen 1A

Pilzstecker und Gartenfahne

bunte Hingucker für draußen

GRÖSSE
Pilz 25 cm x 40 cm
Gartenfahne
35 cm x 85 cm

MATERIAL
PILZSTECKER

* Plastic Canvas in Weiß,
  30 cm x 50 cm

* Plastic Canvas in Rot,
  20 cm x 50 cm

* 1 Aluminium-Stab,
  ø 6 mm, 1 m

GARTENFAHNE

* Jackenstoff (beschichtet) in
  Grün mit weißen Punkten,
  50 cm

* Jackenstoff (beschichtet)
  in Rot mit rosafarbenen
  Streifen, 25 cm

* Reste Plastic Canvas in
  Weiß, Rot und Gelb

* Webband in Rot mit wei-
  ßen Punkten, 1 cm breit,
  2x 5 cm

* 1 Aluminium-Stab,
  ø 6 mm, 2 m

SCHNITTMUSTER
Bogen 2A+2B

Pilzstecker

1 Alle Teile gemäß Schnittmuster ohne Ntzg zuschneiden. Die Punkte auf die Hut-Teile legen und rundherum knappkantig aufnähen.

2 Die beiden Fuß-Teile links auf links aufeinanderlegen und knappkantig zusammensteppen. Dabei darauf achten, dass die obere und untere Tunnelöffnung offen bleibt. Den Tunnel gemäß Markierung auf dem Schnittmuster absteppen.

3 Die Hut-Teile ebenfalls links auf links aufeinanderlegen und knappkantig zusammensteppen. Dabei an der Unterseite den Pilz-Fuß gemäß Schnittmuster in den Hut schieben und beim Zusammensteppen mitfassen. Wieder auf die Tunnel-Markierungen achten. Den Aluminium-Stab in den Tunnel schieben.

Gartenfahne

1 Die beiden Schnittmusterteile des oberen Fahnen-Teils an der gekennzeichneten Linie zusammensetzen und anschließend alle Fahnenteile gemäß Schnittmuster zuschneiden. Die Pilz-Teile aus Plastic Canvas ohne Ntzg zuschneiden.

2 Für das hängende Band 2 Streifen à 92 cm x 6 cm (inkl. Ntzg) zuschneiden. Diese beiden Streifen entlang der langen Kanten zusammensteppen und das Band wenden. Die Ntzg an einer offenen Seite nach innen schlagen.

3 Ein Webband-Stück zu einer Schlaufe legen und in die Band-Öffnung schieben. Das Band füßchenbreit absteppen und dabei das Webband mitfassen.

4 Den Pilz-Anhänger wie seinen großen Bruder (siehe Pilzstecker oben) nähen. Dabei oben in der Mitte des Hutes die zweite Webband-Schlaufe einnähen: durch die Webband-Schlaufe am Fahnen-Band fädeln, feststeppen und so den Pilz-Anhänger am Band befestigen.

5 Je ein rotes und grünes Fahnen-Teil r-a-r zusammennähen, die Ntzg nach oben legen und sie knappkantig feststeppen. Die beiden Blumen-Teile aus Plastic Canvas ohne Ntzg zuschneiden und zusammen gemäß Abbildung auf die Fahnen-Teile legen. Nur die runde Blumenmitte feststeppen, sodass die Blütenblätter beweglich bleiben.

6 Die beiden Fahnen-Teile r-a-r an den beiden langen Kanten zusammensteppen und dabei das Fahnen-Band mitfassen. Dafür das Band am oberen Ende zur Mitte legen und zwischen die beiden Fahnen-Teile schieben. Die Fahne wenden und die Ntzg an der unteren Kante nach innen schlagen. Die Fahne rundherum knappkantig absteppen. Dabei darauf achten, den Tunneleingang an der Unterkante offen zu lassen. Den Tunnel gemäß Markierung auf dem Schnittmuster steppen und den Aluminium-Stab hineinschieben.

Ansteckadel

zum Verlieben schön

GRÖSSE
ø ca. 16 cm

MATERIAL
* Baumwollstoff in Hellblau-weiß getupft, 13 cm x 75 cm (inkl. Ntzg)
* Baumwollstoff in Weiß mit roten Tupfen-Blümchen, 2x 15 cm x 15 cm
* Baumwollstoff in Grün-weiß kariert, 2x 10 cm x 10 cm
* Rest Baumwollstoff in Weiß und Rot-weiß getupft
* Zackenlitze in Weiß, 6 mm breit, 25 cm
* Zackenlitze in Rot, 1,2 cm breit, 35 cm
* Häkelborte in Rot, 1 cm breit, 75 cm
* Volumenvlies H630, 10 cm x 10 cm und 15 cm x 15 cm
* Vliesofix, 10 cm x 10 cm, 15 cm x 15 cm und Rest für Applikation
* 1 Broschennadel, ca. 3 cm

SCHNITTMUSTER
Bogen 1A

1 Volumenvlies jeweils auf die Rückseite eines Stücks weißen Stoff mit roten Tupfen-Blümchen und eines grün-weiß karierten Stoffs bügeln. Vliesofix auf die Rückseiten der beiden anderen Stücke dieser Stoffe und auf die beiden weißen und rot-weiß getupften Stoffreste für die Applikation bügeln.

2 Jeweils die beiden Stücke aus demselben Stoff so aufeinanderbügeln, dass die rechten Seiten außen liegen. Auf einer Seite die entsprechenden Schnittmuster aufzeichnen und mit engem Zickzackstich rundherum nähen. Die Scheiben vorsichtig entlang der Naht ausschneiden.

3 Die Pilz-Teile für die Applikation gemäß Schnittmuster zuschneiden. Die Pilz-Teile mittig so auf die grünkarierte Scheibe bügeln, dass der Pilz-Hut das obere Ende des Fußes ca. 2–3 mm überlappt. Die beiden Teile mit engem Zickzackstich applizieren.

4 Die weiße Zackenlitze gemäß Abbildung rundherum feststeppen und die komplette grün-karierte Scheibe auf die weiß-rot geblümte Scheibe nähen. Dafür noch einmal exakt auf der Stepplinie der Zackenlitze steppen. Die rote Zackenlitze gemäß Abbildung auf den Rand der zweiten Scheibe nähen.

5 Für die Rüsche den hellblauen Stoffstreifen an den kurzen Kanten r-a-r zusammenlegen und zu einem Ring schließen. Den Stoffstreifen der Länge nach mittig falten, sodass die rechte Seite außen liegt. Die Kante bügeln. Die rote Häkelborte an die gebügelte Kante steppen und die offene Seite mit Zickzackstich zusammennähen, damit nichts mehr verrutschen kann.

6 Die Kante mithilfe eines Fadens einkräuseln und so fest zusammenziehen wie möglich. Mit ein paar Stichen von Hand auf der Rückseite der beiden Scheiben fixieren und die Broschennadel befestigen.

Wimpel-Girlande

lustig flatternd mit Pilzen

GRÖSSE
Wimpel 15 cm x 22 cm
Pilze 14 cm x 17 cm

MATERIAL

* Baumwollstoffe in verschiedenen Farben und Mustern,
20 cm x 50 cm (pro Wimpel)

* Rest Baumwollstoff in Rot-
weiß gepunktet und getupft
35 cm x 15 cm (pro Pilz-Hut)
Rest Baumwollstoff in Weiß
mit roten Tupfen-Blümchen
20 cm x 10 cm (pro Pilz-Fuß)

* Borte in Rot, 5 mm breit, 2x
10 cm (Aufhängung der Pilze)

* Schrägband in Blau, 3 m

* Vliesofix pro Wimpel 20 cm x
23 cm, pro Pilz-Hut 17,5 cm x
15 cm und pro Pilz-Fuß 10 cm
x 10 cm

SCHNITTMUSTER
Bogen 1B

Pilze

1 Für die Füße die Stoffe halbieren
und die beiden Hälften mit Vliesofix aufeinanderbügeln. Die Pilz-Füße gemäß
Schnittmuster aufzeichnen. Rundherum,
ca. 0,5 cm nach innen versetzt, entlang
der Linie absteppen. Die Füße ohne Ntzg
ausschneiden.

2 Für die Hüte die gepunkteten bzw.
getupften Stoffe halbieren und das Vliesofix auf die Rückseite einer Hälfte bügeln. Den Pilz-Hut auf das Vliesofix aufzeichnen und ohne Ntzg ausschneiden.
Diesen Pilz-Hut auf die andere Hälfte
des gepunkteten bzw. getupften Stoffes
bügeln und dabei den Pilz-Fuß und die
Borte als Aufhänger jeweils ca. 1 cm mitfassen. Dabei darauf achten, dass die gerade Kante des Pilz-Hutes genau auf eine
gerade Kante des anderen Stoffstückes
zu liegen kommt. Den Pilz-Hut rundherum entlang der Linie, ca. 0,5 cm nach innen versetzt, absteppen und anschließend die 2. Lage des Pilz-Hutes
zuschneiden.

Wimpel

Die Stoffe zur Hälfte falten und ein ent-
sprechendes Stück Vliesofix dazwischen-
bügeln. Dabei darauf achten, dass am
Faltrand die oberen 2 cm für den Tunnel
frei gelassen werden müssen! Die Wimpel gemäß Schnittmuster aufzeichnen.
Dabei wieder den Tunnel berücksichti-
gen. Rundherum, ca. 0,5 cm nach innen
versetzt, entlang der Linie absteppen.
Die Wimpel ausschneiden und die Tun-
nelenden eventuell mit Fray Check
bestreichen, damit die Seiten nicht aus-
fransen können.

Girlande

Das Schrägband der Länge nach zusammenfalten und bügeln. Die Enden des
Schrägbandes nach innen schlagen und
das Band der Länge nach knappkantig
zusammensteppen. Das Band jeweils
durch den Tunnel der Wimpel und durch
die Aufhängeschleife der Pilze ziehen
und die Wimpel und Pilze in gewünsch-
tem Abstand voneinander mit ein paar
Handstichen daran befestigen.

> **Unser Tipp für Sie**
>
> **Kanten steppen** Beim Absteppen der Wimpel und
> Pilze können Sie die Nähte „gewollt unordentlich"
> und sogar doppelt oder dreifach steppen.

24

Schminktäschchen

ideal für alle Pilzfans

GRÖSSE
ca. 17 cm x 12 cm

MATERIAL
* Baumwollstoff in Rot-weiß getupft, 20 cm x 50 cm
* Baumwollstoff in Rot-weiß gepunktet, 15 cm x 40 cm
* Reste Baumwollstoffe in Weiß und Grün mit Blümchen
* Rest Baumwollstoff in Türkis mit weißen Blümchen, 8,5 cm x 4,5 cm
* Wildlederimitat in Dunkelbraun, 25 cm x 30 cm
* Zackenlitze in Türkis, 1,4 cm breit, 20 cm
* Volumenvlies H630, 15 cm x 50 cm
* Rest Vliesofix, ca. 10 cm x 30 cm
* Vlieseline H180, 20 cm x 40 cm
* Reißverschluss in Türkis, 15 cm

SCHNITTMUSTER
Bogen 2B

1 Auf die Rückseite des grünen Blümchen-Stoffs (ca. 10 cm x 10 cm) und des rot-weiß gepunkteten Stoffs Volumenvlies aufbügeln. Auf die Rückseite des grünen Blümchen-Stoffs, des weißen Baumwollstoffrests und auf ca. 10 cm x 7 cm des rot-weiß getupften Baumwollstoffs (für die Pilz-Applikation) Vliesofix aufbügeln. Auf die Rückseite des restlichen rot-weiß getupften Stoffs Vlieseline aufbügeln.

2 Alle Teile gemäß Schnittmuster aus den entsprechenden Stoffen zuschneiden. Dabei die Teile für die Applikation ohne Ntzg zuschneiden. Für den Randstreifen der Geldbörse aus dem mit Vlieseline verstärkten rot-weiß getupften Baumwollstoff 1x 3 cm x 40 cm (inkl. Ntzg) zuschneiden.

3 Die Pilz-Teile mittig so auf die grüne Scheibe bügeln, dass der Pilz-Hut das obere Ende des Fußes ca. 2–3 mm überlappt. Die beiden Teile mit engem Zickzackstich applizieren. Anschließend die komplette Applikation wie oben beschrieben mittig auf einem äußeren Täschchen-Teil befestigen.

4 Die Zackenlitze gemäß Abbildung aufsteppen. Den Reißverschluss r-a-r auf die obere Kante nähen. Den Randstreifen r-a-r zuerst an das vordere und danach an das rückwärtige Täschchen-Teil nähen. Die Ntzg auf ca. 5 mm kürzen und das Schminktäschchen wenden.

5 Die beiden langen Seiten des türkisfarbenen Stoffstreifens zur Mitte legen und den Streifen so zusammenfalten, dass die beiden Kanten innen liegen und der Streifen ca. 8,5 cm x 1 cm groß ist. Die offenen Kanten knapp zusammensteppen und den Streifen zu einer Schlaufe falten. Die Ntzg an der oberen Täschchen-Kante nach innen schlagen und füßchenbreit absteppen. Dabei am offenen Reißverschlussende die türkisfarbene Schlaufe mitfassen.

6 Für das Innenfutter die beiden Trennteile r-a-r entlang der oberen Kante zusammennähen und die Teile entlang der Naht so falten, dass die rechten Seiten nach außen zeigen. Die obere Kante ca. 0,5 cm breit absteppen und die beiden Trennteile entlang der Außenkante mit Zickzackstich fixieren, damit nichts mehr verrutschen kann.

7 Die beiden Futterteile r-a-r so auf die beiden Trennteile legen, dass die Trennteile zwischen den Futterteilen und den Außenkanten aufeinanderliegen. Die Außenkanten zusammensteppen, die Ntzg auf ca. 5 mm kürzen und das Innenfutter nicht wenden. Die Ntzg an der oberen Kante nach außen umschlagen und eventuell bügeln. Das Innenfutter in das Täschchen schieben und die obere Kante von Hand an den Reißverschluss nähen.

Türstopper

mit rotem Kopf und weißen Tupfen

GRÖSSE
40 cm x 28 cm

MATERIAL
* Baumwollplüsch in Weiß, 20 cm
* Fleece-Stoff in Rot mit weißen Punkten, 30 cm
* Rüschenborte in Grün mit weißen Punkten, 40 cm
* Füllwatte, ca. 400 g
* Kunststoff-Granulat, ca. 1 kg

SCHNITTMUSTER
Bogen 1B

1 Alle Teile gemäß Schnittmuster aus den entsprechenden Stoffen zuschneiden und die Rüschenborte halbieren.

2 Zunächst je ein Pilz-Ober- und -Unterteil r-a-r aufeinandernähen und dabei die Rüschenborte mitfassen. Das Bodenteil r-a-r einpassen und den Pilz r-a-r zusammennähen; dabei die Wendeöffnung offen lassen. Durch diese den Pilz wenden.

3 Den Pilz im oberen Bereich fest mit Füllwatte ausstopfen und dabei die Form des Pilzhutes schön herausarbeiten. Im unteren Bereich das Granulat einfüllen. Eine Lage Füllwatte über das Granulat legen, damit es nicht mehr herausrieseln kann. Die Stopföffnung mit Matratzenstich schließen.

> **Unser Tipp für Sie**
>
> **Standfestigkeit sichern** Je mehr Granulat Sie einfüllen, desto standfester wird der Pilz.

Herzen

kleine Anhänger für Jung und Alt

GRÖSSE
Großes Herz 23 cm x 17 cm
Kleines Herz 17 cm x 13 cm

MATERIAL
GROSSES HERZ
* Baumwollstoff in Bunt gemustert,
  30 cm x 50 cm
* Rest Baumwollstoff in Weiß und
  in Rosa-rot gepunktet
* Satinband in Rot, 5 mm breit, 40 cm
* Geschenkbänder in verschiedenen
  Farben, je 20 cm
* Rest Vliesofix
* Füllwatte

KLEINES HERZ
* Baumwollstoff in Rot-weiß gepunk-
  tet, 25 cm x 40 cm
* Satinband in Rot, 5 mm breit, 30 cm
* Füllwatte

SCHNITTMUSTER
Bogen 2B

Großes Herz

1 Auf die Rückseite der Stoffreste Vliesofix bügeln und die Teile für die Applikation gemäß Schnittmuster ohne Ntzg zuschneiden. Die beiden Herz-Teile mit Ntzg gemäß Schnittmuster aus dem bunt gemusterten Stoff zuschneiden.

2 Die Pilz-Teile mittig so auf eines der Herz-Teile bügeln, dass der Pilz-Hut das obere Ende des Fußes ca. 2-3 mm überlappt. Die beiden Teile mit engem Zickzackstich applizieren.

3 Die beiden Herz-Teile r-a-r bis auf die Wendeöffnung zusammennähen und dabei für die Aufhängung das zu einer Schlaufe gelegte Satinband oben in der Mitte mitfassen. Die Ntzg auf ca. 5 mm kürzen, das Herz wenden und mit Füllwatte stopfen. Die Öffnung mit Matratzenstich schließen. Die Geschenkbänder um die Schlaufe knoten und auf die gewünschte Länge kürzen.

Kleines Herz

Die beiden Herz-Teile gemäß Schnittmuster aus dem rot-weiß gepunkteten Stoff zuschneiden und das Herz wie oben beim großen Herz beschrieben r-a-r zusammennähen.

Love-Kissen

kuschelig weich

GRÖSSE
80 cm x 40 cm

MATERIAL
* Nicki-Stoff in Dunkelbraun, 52 cm x 20 cm
* Baumwollplüsch (kurzflorig) in Schokobraun, 2x 18 cm x 42 cm
* Baumwollstoff in Rot mit weißen Punkten, 2x 52 cm x 13 cm
* Baumwollstoff in Grün-weiß kariert, 1x 84 cm x 42 cm (Kissen-Rückseite) und 8x 22 cm x 8 cm (Bindebänder)
* Baumwollstoff in Türkis mit weißen Blumen, 35 cm x 15 cm
* Reste Baumwollstoff in Weiß, Weiß-rot und Rot-weiß getupft, Türkis und Dunkelbraun
* Vliesofix, 15 cm
* Zackenlitze in Grün, 1 cm breit, 105 cm und Rest, 0,5 cm breit
* Häkelborte in Türkis, 0,5 cm breit, 115 cm
* Rest Stickgarn in Schwarz
* Innenkissen, 80 cm x 40 cm

SCHNITTMUSTER
Bogen 2A

1 Auf die Rückseiten des türkisfarbenen Blümchen-Stoffes und der Stoffreste Vliesofix bügeln und alle Motive für die Applikation gemäß Schnittmuster ohne Ntzg ausschneiden.

2 Alle Teile mittig, gemäß Abbildung, mit Geradstich auf den dunkelbraunen Nicki-Stoff applizieren und die Eule mit Zackenlitze und Häkelborte verzieren. Dabei darauf achten, dass der Pilz-Hut und das obere Teil der Eule die darunter liegenden Teile ca. 3 mm überlappen. Beim Absteppen der Applikationen können die Nähte „gewollt unordentlich" oder sogar doppelt oder dreifach gesteppt werden. Der Eule Punkte als Augen aufsticken.

3 Die beiden rot-weiß gepunkteten Baumwollstoff-Streifen oben und unten r-a-r an den Nicki-Stoff nähen. Anschließend die Häkelborte auf die Naht, bzw. die Zackenlitze ca. 0,5 cm darüber feststeppen. Jeweils einen Streifen Plüsch-Stoff rechts bzw. links an das mittlere Kissen-Teil nähen. Die beiden äußeren Kanten des Plüsch-Stoffes mit Zickzackstich versäubern und mit einem 1,5 cm breiten Einfachsaum versehen.

4 Die beiden kurzen Kanten des grün-weiß karierten Baumwollstoffes für die Kissen-Rückseite mit je einem 1 cm breiten Doppelsaum versäubern. Anschließend r-a-r entlang der oberen und unteren Kante auf das vordere Kissen-Teil nähen.

5 Für die Bindebänder die langen Kanten der Stoffstreifen jeweils zur Mitte schlagen und danach die Streifen so zusammenlegen, dass die offenen Kanten innen liegen. Dabei die Ntzg einer kurzen Seite nach innen schlagen. Eventuell bügeln und die Bänder rundherum steppen. Die Bänder jeweils von innen an die offenen kurzen Seiten des vorderen bzw. rückwärtigen Kissen-Teils steppen. Der Abstand vom oberen bzw. unteren Rand beträgt dabei ca. 10 cm.

> **Unser Tipp für Sie**
>
> **Applikation anbringen** Sie können die Applikation auch wie üblich mit eng eingestelltem Zickzackstich nähen.

Weitere lustige Designs von Heike Roland und Stefanie Thomas finden Sie unter: www.BLACK-SHEEP-COMPANY.DE

Heike Roland und Stefanie Thomas Angefangen hat alles 1996. Damals lernten sich Heike Roland und Stefanie Thomas durch ihr gemeinsames Hobby, das Bärenmachen, auf einer Künstler-Teddybären-Messe kennen. Fortan reisten sie zusammen mit ihren Familien und den lustigen Petzen zu Verkaufsveranstaltungen in Deutschland, Österreich, England und den USA. Irgendwann war das „Bärenfieber" abgeklungen, aber dafür sprudelten zahllose neue kreative Ideen. Seither wird viel gesägt, gebohrt, gemalt, geschnipselt, geklebt, gefilzt und – genäht. Mitte 2004 erschien ihr erstes Buch im frechverlag.

DANKE!

Wir danken den Firmen RAYHER HOBBY GmbH, Laupheim, www.rayher-hobby.de und Westfalenstoffe AG, Münster, www.westfalenstoffe.de, für die Unterstützung bei der Erstellung dieses Buches.

TOPP – Unsere Servicegarantie

WIR SIND FÜR SIE DA! Bei Fragen zu unserem umfangreichen Programm oder Anregungen freuen wir uns über Ihren Anruf oder Ihre Post. Loben Sie uns, aber scheuen Sie sich auch nicht, Ihre Kritik mitzuteilen – sie hilft uns, ständig besser zu werden.

Bei Fragen zu einzelnen Materialien oder Techniken wenden Sie sich bitte an unseren Kreativservice, Frau Erika Noll.
mail@kreativ-service.info
Telefon 0 50 52 / 91 18 58

Das Produktmanagement erreichen Sie unter:
pm@frechverlag.de
oder:
frechverlag
Produktmanagement
Turbinenstraße 7
70499 Stuttgart
Telefon 07 11 / 8 30 86 68

LERNEN SIE UNS BESSER KENNEN! Fragen Sie Ihren Hobbyfach- oder Buchhändler nach unserem kostenlosen Kreativmagazin **Meine kreative Welt**. Darin entdecken Sie vierteljährlich die neuesten Kreativtrends und interessantesten Buchneuheiten.

Oder besuchen Sie uns im Internet! Unter **www.topp-kreativ.de** können Sie sich über unser umfangreiches Buchprogramm informieren, unsere Autoren kennenlernen sowie aktuelle Highlights und neue Kreativtechniken entdecken, kurz – die ganze Welt der Kreativität.

Kreativ immer up to date sind Sie mit unserem monatlichen **Newsletter** mit den aktuellsten News aus dem frechverlag, Gratis-Bastelanleitungen und attraktiven Gewinnspielen.

IMPRESSUM

FOTOS: frechverlag GmbH, 70499 Stuttgart; lichtpunkt, Michael Ruder, Stuttgart
PRODUKTMANAGEMENT: Rahel Goldner
LEKTORAT: Susanne Noll
GESTALTUNG: Petra Theilfarth
DRUCK: frechdruck GmbH, 70499 Stuttgart   PRINTED IN GERMANY

1. Auflage 2011

© 2011 **frechverlag** GmbH, 70499 Stuttgart

ISBN 978-3-7724-6689-2 • Best.-Nr. 6689